Photographes -:- Techniciens -:- Industriels

Lisez régulièrement

LA

REVUE FRANÇAISE DE PHOTOGRAPHIE

ET DE CINÉMATOGRAPHIE

Qui vous documentera, chaque quinzaine, sur toutes les questions concernant la **PHOTOGRAPHIE**

CHAQUE NUMÉRO CONTIENT :

Des ARTICLES de Pratique Photographique

Des ÉTUDES sur la Technique Photographique

Des INFORMATIONS sur le Mouvement Photographique en France et à l'Etranger

Et des ILLUSTRATIONS hors-texte

C'est une Revue moderne illustrée

bien rédigée et d'une présentation parfaite

DIRECTEUR : PAUL MONTEL

PRIX DU NUMÉRO : France et Colonies, 1 fr. 00 - Etranger, 1 fr. 50

ABONNEMENT DE 12 MOIS :

France et Colonies.. 20 fr.

Pays ayant adhéré à l'Accord de Stockholm : Albanie, Allemagne, Argentine, Autriche, Belgique, Brésil, Bulgarie, Canada, Chili, Congo belge, Cuba, Egypte, Equateur, Espagne, Esthonie, Ethiopie, Finlande, Grèce, Guatémala, Haïti, Hongrie, Lettonie, Libéria, Lithuanie, Luxembourg, Maroc espagnol, Mexique, Paraguay, Pays-Bas, Perse, Pologne, Portugal et Colonies, Roumanie, Salvador, Suisse, Tchécoslovaquie, Terre-Neuve, Turquie, Union des Républiques Socialistes Soviétiques, Union Sud africaine, Uruguay, Vénézuela, Yougoslavie.. 35 fr.

Autres pays étrangers.. 50 fr.

PARAIT LE 1er ET LE 15 DE CHAQUE MOIS

Les abonnements partent du 1er de chaque mois

EN VENTE

Dans les Kiosques, Bibliothèques des Gares

[illegible]

Très recherché
et rare

S. 27

Les Origines du Cinématographe

Georges POTONNIÉE

Les Origines du Cinématographe

PUBLICATIONS PHOTOGRAPHIQUES
PAUL MONTEL
189, Rue Saint-Jacques, 189 - PARIS (5e)

1928

PRÉFACE

Une curiosité légitime veut que l'on s'enquiert de ceux à qui l'on a affaire ; on a besoin de connaître ses serviteurs. Et ainsi doit-on faire pour ce serviteur modèle qu'est le cinématographe. Educateur sans pareil qui explique aisément les phénomènes complexes et les plus cachés de la nature ; conteur passionnant, père du rire et des larmes, évoquant tour à tour les cocasseries d'un pitre et la sombre tragédie ; gardien fidèle des souvenirs, ne vaut-il donc pas la peine qu'on connaisse un peu son histoire, qu'on sache au moins d'où il vient ? Mais voilà l'embarras, c'est qu'on ne peut — sans soulever de terribles contestations, dire d'où il vient : le monde entier le revendique. Toutes les patries veulent être sa patrie. Si l'on demande : « Qui a inventé le cinématographe ? » L'Angleterre répond Friese Green, l'Amérique Edison, l'Allemagne Skladarowsky ou Anschutz. Et quand la France dit Louis Lumière, des voix ajoutent, non sans violence, Marey, Demeny, Reynaud. Chaque pays a son ou ses champions et leurs partisans enthou-

siastes et convaincus. A qui entendre dans tout cela ? Evidemment, si tant d'honnêtes gens se prennent aux cheveux à propos d'une question qui paraît simple, c'est qu'il y a là quelque méprise. Ne confondraient-ils pas la partie avec le tout, les inventions partielles et l'invention définitive et même les connaissances d'où l'on a tiré l'invention avec l'invention elle-même ? C'est ce qu'il est prudent d'examiner. Beaucoup de chercheurs ont essayé de résoudre le problème de la photographie animée, sans réussir d'ailleurs. Selon le plus ou moins d'estime qu'on a pour leurs travaux, on leur attribue une invention qu'ils n'ont pas faite, mais qu'ils auraient pu faire. En général, lorsqu'on recherche les précurseurs des frères Lumière, on ne remonte pas assez haut dans le temps. On croit avoir tout dit lorsqu'on a cité les travaux de Janssen, en 1874, comme l'origine de la cinématographie. Quelle erreur ! Bien avant Janssen, avant même la photographie, des inventeurs ont construit des appareils avec l'ambition avouée d'enregistrer et de reproduire le mouvement. Tous sont oubliés et très injustement. Que les partisans passionnés d'Edison, de Friese Green, de Demeny, de Marey veuillent bien se souvenir de cela.

Les Origines du Cinématographe

Chapitre I

LA SYNTHÈSE DU MOUVEMENT

Il est un précurseur du cinématographe dont le nom doit être écrit en lettres d'or en tête de l'histoire de la cinématographie, c'est le professeur belge Joseph Plateau, sans les travaux duquel Lumière ni aucun des autres n'aurait pu inventer quoi que ce soit.

Plateau est né à Bruxelles, le 14 octobre 1801. Il y commença ses études, mais en 1822, prit ses inscriptions de lettres et de droit à l'Université de Liège où, le hasard l'ayant fait assister à une leçon de chimie, il sentit s'éveiller en lui un goût irrésistible pour les sciences, menant de front l'étude des lettres, du droit et des sciences physiques et mathématiques. C'est à Liège qu'en 1829 il soutint sa thèse de docteur ès-sciences, commença ses expériences et publia son premier mémoire sur le mécanisme de la vision ; expériences qui l'ont rendu illustre et lui ouvrirent les portes de l'Académie Royale de Belgique, des Académies des Sciences de Paris, de Berlin, de Londres, d'Amsterdam, de Göttingue, des Sociétés de physique de Liège, de Genève, de Francfort, de Rotterdam, etc., etc. C'est à Liège qu'il a réalisé peut-être ses plus belles découvertes et les plus périlleuses. Qu'on en juge. Alors qu'il avait 24 ans, ayant besoin de se rendre compte de certains phénomènes de la vision, il n'hésita pas à fixer le soleil pendant 25 secondes et sortit de l'expérience aveugle. Il le resta plusieurs jours et fut des mois à se remettre. Cependant, chaque fois qu'il le crut utile, il renouvela ces dangereux exercices, malgré le péril évident, malgré qu'il sût que ses yeux affaiblis lui manqueraient quelque jour. Et ce jour arriva. A la suite d'une affection de la choroïde qui dura plusieurs années, Plateau devint aveugle. Il devint, on peut le dire, héroïquement aveugle. Ce savant entra volontairement, courageusement dans une nuit éternelle. Il avait 42 ans. Assurément la science produit de ces sacrifices magnifiques et ils ne sont pas rares les martyrs qui acceptent les pires mutilations et la mort en échange d'un peu de ses secrets arraché à la nature. Les rayons X nous ont rendu ces héros familiers. Leur action n'en est pas moins grande et chaque fois que nous rencontrons le nom de l'un d'eux nous devons nous incliner avec la même émotion. Plateau était alors professeur à l'Université de Gand. Le gouvernement belge s'honora en lui continuant son traitement malgré son impossibilité d'enseigner. D'ailleurs le savant n'en poursuivit qu'avec plus d'ardeur ses recherches, aidé par ses disciples et amis dont le plus dévoué fut son gendre Van der Mensbrugghe. Il travailla ainsi jusqu'à sa mort, arrivée en 1883.

Tel fut le savant qui, le premier, découvrit certaines lois optiques sans lesquelles le cinématographe n'aurait pu exister. Assurément, on connaissait avant Plateau la persistance des images sur la rétine, mais avant tout le monde il en a fait une étude méthodique et suivie et en a tiré des déductions entièrement nouvelles. Un savant allemand affirmait dernièrement que la durée des images sur la rétine n'est pour rien dans les illusions produites par la photographie animée. Il doit être à peu près seul de son avis. En tout cas, si ce phénomène est étranger à la cinématographie, il est la cause directe de sa découverte.

Tout le monde sait qu'en faisant tourner rapidement un tison ardent on trace dans l'air un cercle de feu. Cette expérience est vieille ; elle est, dit-on, mentionnée dans Boëce, auteur de la fin du ve siècle. Plus de trois cents ans avant Boëce, Ptolémée, dans son optique, dit qu'un disque peint de différentes couleurs et qui tourne à grande vitesse paraît d'une couleur uniforme résultant du mélange de toutes les autres. Si des points colorés sont peints à différentes distances du centre, chacun d'eux donne lieu, lors de la rotation, à l'apparence d'un cercle de même couleur. Cette expérience du disque peint et celle du tison enflammé sont décrites par Al Hazen, auteur arabe du XIe siècle qui, en grande partie, a reproduit Aristote. Al Hazen parle même d'une toupie à segments colorés comme d'un moyen commode d'expérimentation. Innombrables sont les auteurs qui, dans les siècles suivants, ont répété ces choses presque dans les mêmes termes et en ont donné la même explication : les images peintes dans le fond de notre œil y demeurent un certain temps puisque — dans le cas du tison par exemple — nous percevons en même temps toutes leurs positions successives.

Au XVIIIe siècle, l'abbé Nollet, dans ses leçons de physique expérimentale, dont la première édition est de 1743, rappelle ces expériences et y ajoute quelques autres faits : « un polyèdre qui tourne sur son axe, un cercle sur un de ses diamètres prennent l'apparence de sphère, etc. » Brisson, le successeur de Nollet (Dictionnaire de physique, 1781) ne manque pas, lui aussi, de proposer ces expériences et en donne une explication excellente : « L'impression que fait l'objet sur l'œil lorsqu'il est dans un certain endroit de son cercle subsiste pendant le temps très court que l'objet met à parcourir ce cercle et l'objet est vu pour cette raison dans tous les points du cercle à la fois ». Brisson fait plus. Il sait, comme Nollet, que le mouvement peut changer pour notre œil la forme des objets et il énumère sept illusions différentes d'optique sous le titre : « Lois de la vision par rapport au mouvement des objets visibles ». C'étaient là, on le voit, des connaissances anciennes et l'on comprend mal qu'un auteur anglais, récemment, ait affirmé sans rire que le physicien anglais Roget a, le premier, constaté la persistance de l'image sur la rétine en 1825.

Aussi n'est-ce pas là ce que découvrit Plateau ; il constata plutôt l'existence de ces phénomènes dans un premier mémoire publié en 1829 sous le titre : « Quelques propriétés des impressions produites par la lumière sur l'organe de la vue » et y fixa deux points importants : 1° - Une impression quelconque exige un temps appréciable pour sa formation complète, de même que pour son entière disparition ; 2° - La durée totale des impressions depuis l'instant où elles ont acquis toute leur force jusqu'à celui où elles ne sont plus qu'à peine sensibles est à peu près égale à un tiers de seconde ». Il faut noter à ce propos que Segner, en 1740, d'Arcy, en 1765, Cavallo, en 1803, Parrot, vers 1820 avaient calculé la persistance de la sensation lumineuse et l'avaient évaluée entre un dixième et un quart de seconde.

Plateau, dans ce mémoire, rappelait aussi une expérience qu'il exécuta en 1828 et mentionnée dans la correspondance mathématique de Quetelet : deux roues dentées absolument semblables, tournant l'une derrière l'autre à vitesses égales et en sens contraire, donnent l'illusion d'une seule roue immobile. Faraday (1791-1867), deux ans après, refit cette expérience qui a gardé son nom : roue de Faraday, mais il indiqua qu'elle pouvait être faite à l'aide d'un seul disque et d'un miroir le réfléchissant, modification qui fut utile à Plateau plus tard. En 1831, alors que l'expérience de Faraday faisait grand bruit, Plateau publia « pour conserver la propriété des résultats par lui acquis » de nouvelles observations : « Si l'on suppose deux lignes brillantes droites ou courbes tournant à grande vitesse dans des plans parallèles et si les vitesses des deux lignes sont entre elles dans un rapport simple, l'œil placé devant le système distinguera sur l'espèce de gaze que semble produire le mouvement des deux lignes, l'image immobile d'une troisième ligne plus sombre que le fond sur lequel elle se dessine... Lorsque les deux lignes sont des droites passant par leur centre de rotation, que les vitesses sont égales et en sens contraire, que les centres de mouvements ne sont pas superposés, l'œil voit avec surprise, sur l'espèce de surface vaporeuse et blanchâtre produite par les droites tournant, une ligne immobile gris foncé, image parfaite d'une hyperbole passant par les deux centres de rotation... Maintenant si l'on suppose que le rapport des vitesses soit altéré d'une petite quantité, les lignes mobiles, après les intervalles de temps, qui les ramenaient à leurs positions initiales, ne reprendront plus exactement ces positions, en sorte que pendant chacun de ces intervalles, il se produira une courbe différente. Mais si l'on n'a fait varier le rapport des vitesses que d'une très petite quantité, la différence entre deux spectres successifs devient inappréciable et *l'on croit voir l'image changer peu à peu de figure* pour passer par toutes les formes qui peuvent résulter de la variation des positions initiales... Quand les centres de mouvement ne sont pas superposés et que le rapport des vitesses est tant soit peu altéré, le spectre ne change pas de forme, mais tourne lentement autour du centre ».

De ces expériences — jusque-là jamais faites — est sorti l'appareil connu sous le nom de phénakisticope. Il consistait « en un disque de carton percé vers sa circonférence d'un certain nombre de petites ouvertures et portant des figures peintes sur sa face intérieure. Lorsqu'on fait tourner ce disque autour de son centre vis-à-vis d'un miroir, en regardant d'un œil à travers les ouvertures, les figures vues par réflexion dans la glace, au lieu de se confondre, comme cela arriverait si l'on regardait de toute autre manière le cercle tournant, semblent au contraire cesser de participer à la rotation de ce cercle, *s'animent et exécutent des mouvements qui leur sont propres*. Le principe sur lequel repose cette illusion est simple : *Si plusieurs objets différant graduellement entre eux de forme et de position se montrent successivement devant l'œil pendant des intervalles de temps très courts et suffisamment rapprochés, les impressions successives qu'elles produisent sur la rétine se lient entre elles sans se con-*

fondre et l'on croit voir un seul objet changeant graduellement de forme et de position ».

Toutes les conditions essentielles du cinématographe (quant à la recomposition du mouvement) sont exposées là. La nécessité d'arrêter l'image devant l'œil pendant un temps très court y est résolue par l'illusion d'optique qui fournit une image immobile à l'aide d'un disque tournant et d'un miroir. C'est pour montrer quel chemin ont suivi les idées de Plateau, évoluant vers ce résultat prodigieux — qui nous paraît simple — que j'ai copié les longs passages ci-dessus. Plateau, d'ailleurs, n'étudiait pas seul ces problèmes de la vision, mais il est juste de le nommer d'abord, car il a précédé les autres.

C'est au mois de décembre 1832 que Plateau entreprit la confection de son appareil. Un mois après, il en adressait la description avec figures à Quetelet (1796-1874), le savant directeur de l'Observatoire de Bruxelles, son maître et son ami. Madou, peintre et beau-frère de Quetelet en avait desciné les figures qui « nécessitaient des soins extrêmes » pour que le mouvement fut correctement reproduit. Foster, dans son ouvrage *Living Pictures*, où presque tous les historiens de la cinématographie vont puiser leurs renseignements, dit qu'un exemplaire du phénakisticope fut adressé par Plateau à Faraday — qui demeurait à Londres — au mois de novembre 1832. J'ignore où ce détail a été pris (1), mais décembre pour le début des travaux, janvier 1833 pour leur achèvement, sont, dans le Bulletin de l'Académie des Sciences de Bruxelles, indiqués par Plateau que je suppose renseigné sur lui-même. Il est certain qu'en 1833 on vendit à Londres des appareils sous le nom de phénakisticopes. Plateau protesta : « Je suis, dit-il, complètement étranger à l'exécution de cet instrument qui laisse à désirer sous beaucoup de rapports. Pour obtenir un résultat aussi parfait que possible, il faut avoir égard à certaines conditions qui ont été omises dans la construction du Phénakisticope. » L'inventeur, en effet, faisait construire à Londres un modèle établi d'après ses soins et auquel il donna le nom de *Fantascope*. C'est donc cette dernière appellation qui eût mérité d'être conservée, tandis que nous ne connaissons que celle de phénakisticope. Si j'ai soulevé cette petite chicane de novembre ou décembre 1832, c'est qu'en même temps que Plateau, un professeur viennois, Stampfer (1792-1864) en étudiant l'expérience de la roue de Faraday, avait été amené à construire un appareil analogue à celui de Plateau qu'il baptisa disques stroboscopiques.

Dans le débat né entre les deux inventeurs, Stampfer déclara qu'il avait commencé ses expériences en décembre 1832 et achevé ses disques

(1) Liesegang pense que c'est dans les annales de Poggendorf, *Die Kinotechnik*, octobre 1924.

en février 1833. Ainsi les deux savants, au même moment et par les mêmes études avaient été conduits au même résultat. Mais cependant il faut se souvenir que Plateau, deux ans avant Faraday, a exécuté l'expérience de Faraday, qu'il a perfectionné ses recherches et formulé des lois devenues la règle et le guide de tous ceux qui, après lui, ont cherché à reproduire le mouvement.

Bien entendu, Plateau n'entendait pas faire le commerce de son fantascope. La fabrication d'appareils similaires demeura libre. On en vendit à Londres, on en fit également à Paris dès 1833. Ces jouets, car pour le public ce furent des jouets, prirent différents noms : phénakistiscopes, phénakistoscopes, jeu magique, etc., et la vogue en fut extraordinaire. Mais le sort des jouets est de périr vite, brisés, dédaignés ou perdus, et les phénakisticopes ont, avec le temps, entièrement disparu. On n'en connaît plus que de très rares exemplaires. La collection si curieuse de William Day, à Londres, possède quelques disques du fantascope édité par Ackermann en 1833 et donné à tort comme une copie du phénakisticope. C'est le contraire qui est vrai. D'après la description que j'ai lue dans la *Revue Française de Photographie*, il y a tout lieu de croire qu'il s'agit bien d'un appareil primitif où les images étaient tracées à même le disque fenestré. Plus tard, elles furent imprimées, pour plus de commodité, sur des disques à part qu'on accolait au disque fenestré. A Paris, il existe un exemplaire complet du phénakisticope édité par Giroux vers 1833. Il a été exposé aux Arts et Métiers. Je n'en connais pas d'autre, ce qui ne veut pas dire qu'il n'en existe pas.

Si les gens, en 1833, considérèrent le phénakisticope comme un jouet, nous aurions tort de faire comme eux. Plateau, son inventeur, sans prévoir bien entendu ce qu'il adviendrait de sa trouvaille, ne songeait pas à un jouet. C'est un appareil fort sérieux qu'il a construit, destiné à démontrer l'exactitude de théories nouvelles et de lois physiques que personne avant lui n'avait formulées ni découvertes. Ce n'est pas que, depuis longtemps, on n'eût ressenti tout l'attrait des images animées. En 1652, le père Nicéron, décrivant la chambre noire, dit : « L'œil qui voit cette peinture (l'image sur le verre dépoli) est tellement trompé que, si la science et la raison ne le corrigeaient, il croirait que ce sont les objets véritables. Car ces objets du dehors n'envoient pas seulement leurs grandeurs, figures et couleurs, *mais aussi leurs mouvements, ce qui manquera toujours aux tableaux des peintres.* » L'Encyclopédie, un siècle après, s'exprime dans les mêmes termes : « La chambre noire représente des images parfaitement semblables aux objets ; elle imite toutes les couleurs et *même les mouvements, ce qu'aucune autre représentation ne peut faire.* » En 1761, Tiphaigne de la Roche décrit un tableau animé où on a voulu voir quelquefois une prophétie de la photographie.

Ses images aussi sont douées de mouvement. Mais nul n'avait songé à étudier quelles lois optiques pouvaient produire l'illusion du mouvement, ni même soupçonné leur existence. L'abbé Nollet (1700-1770), d'ailleurs, nous renseigne sur tout ce que le dix-huitième siècle avait imaginé pour représenter le mouvement. « Dans un voyage que je fis en Hollande, en 1736, dit-il, Mr. Muschenbrock me fit voir d'autres vues (de la lanterne magique) bien imaginées en ce que les figures y font des mouvements qui semblent les animer. L'une est un moulin à vent, l'autre une femme qui fait la révérence en passant, une autre, une machine qui se meut ou un cavalier qui ôte son chapeau. Cela se fait au moyen de deux verres, l'un immobile et l'autre qui porte la partie mobile *et se met en mouvement au moyen d'un cordon.* »

C'est tout ce que l'on savait au début du dix-neuvième siècle. Tout au plus pourrait-on mentionner la lanterne magique de Robertson, en 1799, où des images virtuelles apparaissaient douées de mouvement par déplacement du système optique. Mais c'était là un truc — plus ingénieux certes que la ficelle de Muschenbroeck — sans rapport avec les lois cherchées par Plateau. La première explication scientifique des illusions de la vue causées par les objets en mouvement, paraît donc celle de Brisson, en 1781, que j'ai citée plus haut. Elle est vague et élémentaire. Aussi, compte-t-on fréquemment pour première l'explication donnée par Roget, en 1824, d'une observation faite quatre ans auparavant : les rayons d'une roue passant rapidement derrière une palissade à claire-voie, prennent l'apparence de lignes courbes immobiles. Voilà tout ce qui avait été fait avant Plateau et on doit dire que ce n'est rien. Et même, au risque de paraître interminable, mais pour qu'on ne m'accuse pas de négligence, je citerai encore le thaumatrope décrit par Paris en 1825. Je le citerai, mais pour protester contre l'assertion habituelle que c'est un appareil précurseur du phénakisticope. Le thaumatrope consiste en un disque de carton sur une face duquel on a dessiné un oiseau et sur l'autre face une cage. En animant le disque d'un mouvement de rotation rapide, les deux objets apparaissent en même temps et l'oiseau est placé dans la cage. Ce jouet montre la persistance de l'image sur la rétine comme d'autres qu'on fit au dix-huitième siècle ; il n'a de rapport ni de près ni de loin avec l'illusion du mouvement.

Il serait facile de prouver le caractère sérieux des expériences de Plateau en énumérant les autres travaux de ce physicien célèbre : sur les masses de liquide libres soustraites à l'action de la pesanteur, sur les liquides en lames minces, sur le gyroscope, etc., etc., mais à quoi bon ? Le développement de cette étude montrera que ceux qui, par la suite, ont cherché à produire des images animées sont tous partis de l'appareil de Plateau.

Je pense que le lecteur ne conserve plus de doute : Plateau, avec son phénakisticope, est le créateur de la synthèse du mouvement. Car ce problème de la photographie animée qui comprend deux termes, analyse du mouvement, reconstitution ou synthèse du mouvement, a un caractère un peu paradoxal ; le deuxième terme a été solutionné le premier, la synthèse a précédé l'analyse. C'est que l'analyse, en 1833, était irréalisable. On ne disposait alors, comme moyen de copie, que du dessin manuel, c'est-à-dire la main guidée ou renseignée par l'œil. Or nous savons aujourd'hui, si l'on veut que l'analyse donne une reconstitution correcte, qu'elle doit se composer d'une série d'attitudes dessinées séparément et se suivant régulièrement à l'allure d'au moins seize à la seconde. Comment l'œil aurait-il pu différencier seize attitudes pendant une seconde de temps ? L'œil en est incapable. Et dès lors comment reproduire ce qu'on n'a pas vu ? Toute l'habileté du dessinateur échoue devant cette impossibilité. Il faudra donc encore beaucoup de temps pour résoudre le problème, il faudra surtout qu'une grande découverte du dix-neuvième siècle, et l'une des plus grandes de tous les temps, vienne s'emparer des théories et de l'humble appareil de Plateau, qu'elle se les assimile et les vivifie pour en faire le cinématographe, étape et non certes la dernière de l'immortelle photographie.

Tout grand homme a ses détracteurs, à plus

forte raison, tout inventeur. Chez les Romains, de peur que le général victorieux ne s'enorgueillît trop de son triomphe, un esclave placé sur son char, de temps à autre lui criait aux oreilles : « Souviens-toi que tu n'es qu'un homme ! » Bien que Plateau ne fut que Belge et garde national, un savant docteur allemand du nom de Sinsteden, pensa qu'il serait bon de le rappeler aussi à la modestie. Sinsteden déterra dans le *De Rerum Natura* (livre IV, 770-778) quelques vers que voici.

Quod superest, non est mirum, simulacra moveri,
Brachiaque in numerum jactare et cetera membra :
Nam fit, ut in somnis facere hoc videatur imago.
Hoc, ubi prima perit, alioque est altera nata
Inde statu, prior hic gestum mutasse videtur.
Scilicet id fieri celeri ratione putandum est :
Tanta est mobilitas, et rerum copia tanta,
Tantaque sensibili quovis est tempore in uno
Copia particularum, ut possit suppeditare.

Pour la commodité de son argumentation, il altéra le texte en supprimant un vers qui le gênait et traduisit le reste librement : « *Quoi de plus encore ? Il n'est pas étonnant que l'objet montré à l'œil semble se mouvoir, qu'il semble agiter devant nous en cadence ses bras et ses autres membres (évolution si rapide et si magique qu'elle semble un songe). Car dès que la première image s'est évanouie, une autre se montre à sa place dans une position un peu différente et l'effet de la nouvelle apparition est de faire croire que c'est la première image qui a changé de pose. Cette illusion doit avoir son explication dans un rapport de vitesse. Le mouvement est si rapide, le nombre des parties de l'objet qui affectent l'œil en même temps ou dans chaque temps sensible est si grand que la multiplicité d'images fixes peut suppléer aux poses diverses d'une image mobile unique.* »

« Voilà, dit Sinsteden, la description exacte, entière, du phénakisticope faite un demi-siècle avant J.-C. par Lucrèce. Car, qu'est-ce que le phénakisticope ? Un instrument à l'aide duquel les figures qui diffèrent graduellement de forme et de position se présentent à l'œil à des intervalles très rapprochés en sorte que les figures se lient entre elles et semblent ne former qu'une seule figure accomplissant des mouvements. Or, Lucrèce pouvait-il le décrire en termes plus précis ? Et si l'on ne connaissait aussi bien M. Plateau, on croirait qu'il a copié son appareil et en a pris l'idée dans Lucrèce ». Les chroniqueurs scientifiques s'emparèrent de la nouvelle qu'ils reproduisirent dans leurs feuilles et notamment l'abbé Moigno dans *Cosmos*. Ainsi Plateau apprit qu'il n'était qu'un plagiaire. Il en fut étonné et Lucrèce plus encore, j'imagine, s'il entendit ce débat. Pauvre Plateau, le plus modeste et le plus consciencieux des hommes ! Il prit la peine de lire Moigno et Sinsteden et Lucrèce, de faire du passage accusateur une traduction qui eût le sens commun et d'envoyer par la poste des protestations attristées.

Ne séparez pas, expliquait-il, ce passage du restant du texte dont le but est de décrire la cause des songes et la théorie de la vision. Lucrèce pense que les objets lancent incessamment dans l'espace de subtiles émanations qui gardent leurs formes et leurs couleurs et, pénétrant dans nos yeux, donnent la sensation de ces objets. C'est la théorie d'Epicure. Ces émanations, Lucrèce les nomme *simulacra*, mais il est difficile de les traduire par notre mot *images*. Elles errent par milliers, de mille façons, en tout sens et de toutes parts ; elles se mêlent lorsqu'elles se rencontrent et prennent des formes composées. C'est pour celà qu'on voit des psylles, des centaures, etc. Certaines, plus subtiles, pénètrent jusqu'à l'âme qu'elles affectent et reparaissent pendant le sommeil. C'est alors que Lucrèce les montre se succédant rapidement, changeant de formes et semblant accomplir, non pas devant nos yeux puisque nous sommes endormis, mais dans notre esprit, de véritables mouvements. Il ne s'agit donc pas du tout de la persistance de l'objet sur la rétine, encore moins d'un appareil dé physique, mais simplement des illusions causées par les rêves. « J'espère que cette note, concluait-il avec candeur, suffira pour éloigner de moi tout soupçon de plagiat ».

Evidemment, on n'accuse plus Plateau d'avoir contrefait le phénakisticope de Lucrèce ; mais il en est resté un doute et, en tout cas, la croyance ferme et assurée que Lucrèce a connu et décrit la persistance de la vision sur la rétine de l'œil et, je crois bien aussi, la théorie de la synthèse du mouvement. Il n'est pas de bonne histoire de la photographie animée qui ne débute par là et, Dieu merci ! je ne m'en suis pas dispensé. Au surplus, il est difficile de pénétrer la pensée de ces auteurs anciens lorsqu'ils parlent science et leurs textes s'interprètent de tant de manières que je ne crois pas inutile de donner aussi une traduction du passage cité plus haut. Elle est de Nisard qui passait en son temps pour savoir assez bien le latin : « *Du reste, ne sois point émerveillé de voir que les images se meuvent et agitent avec harmonie leurs bras et le reste de leurs membres ; car le sommeil nous offre de ces formes mobiles. Voici comment. Les images, tour à tour évanouies et remplacées par de nouvelles formes aux attitudes nouvelles semblent avoir changé de gestes. Oui, leur succession doit être fort rapide : tant leurs pieds sont agiles, leurs sources abondantes et tant la moindre durée sensible voit jaillir de ces parcelles qui alimentent leur fugitif assemblage* ». Comme on le voit, Nisard n'a pas compris tout à fait les mêmes choses que l'abbé Moigno. Il ne reste plus au lecteur qu'à ajouter sa traduction personnelle et, possédant ainsi toutes les pièces du procès, en tirer la conclusion qu'il lui plaira. Pour moi, j'imagine celle-ci : Sinsteden, mort, est allé, depuis tantôt soixante ans, retrouver l'autre monde et Lucrèce.

Peut-être, parmi la foule immense encombrant

le pays des Ombres, ne se sont-ils pas encore rencontrés. Mais soixante ans ne sont rien pour qui commence l'Eternité ; ils se joindront quelque jour. Oh ! la douce, oh ! l'inapaisable hilarité qui les saisira tous deux, se contemplant l'un l'autre, tels des augures, au souvenir de la farce de Sinsteden et de l'habile renom qu'en acquit Lucrèce ! Et ils chercheront, pour le consoler, Plateau, admirant ensemble comment se font les réputations de ce monde et la simplicité des vivants !

CHAPITRE II

LA PHOTOGRAPHIE APPLIQUÉE AU PHÉNAKISTICOPE

Au bout de quelques années, le *jeu magique* cessant d'amuser, le phénakisticope fut oublié du public. Il demeura dans les laboratoires de physique comme appareil de démonstration. Mais la synthèse de quelques mouvements simples qu'il réalisa, comme d'un pendule, d'un engrenage, d'un jet d'eau, ne prétendait pas à une exactitude scientifique par suite de l'impossibilité de copier exactement ces mouvements à l'aide du dessin manuel. Le phénakisticope servit surtout à étudier les lois de la vision, seul but de son inventeur en le construisant. L'apparition du dessin photographique, en 1839, changea ces choses en fournissant un procédé de copie infaillible et il semble que l'idée d'appliquer la photographie au phénakisticope ait dû naître aussitôt et spontanément. C'est une opinion assez répandue. « Dès l'apparition de la photographie, dit Claudet, ceux qui étaient au courant du phénomène produit par le phénakisticope ont dû être frappés de l'avantage d'y employer des images photographiques à cause du degré extraordinaire d'exactitude qu'elles possèdent et qu'aucun procédé manuel ne saurait approcher ». Eh bien ! il n'en est rien et pendant plus de dix ans on cherche vainement où cette idée fut exprimée. Claudet (1) qui pratiquait, depuis son début, la photographie, n'y songea pas plus que les autres et ce n'est pas la découverte de la photographie, mais celle de la stéréoscopie qui ouvrit les yeux aux chercheurs et montra quelles choses devenaient possibles par le dessin photographique.

On sait que le premier appareil destiné à donner l'illusion du relief fut imaginé par Wheatstone (1802-1875) qui, à l'aide de miroirs y montra en 1838 des dessins géométriques apparaissant sous leurs trois dimensions dans l'espace. Cette invention fit peu de bruit par suite de ses applications restreintes. En dehors, en effet, de ces figures géométriques, le dessin manuel ne permettait pas d'exécuter des images exactes vues, l'une par l'œil droit, l'autre par l'œil gauche et qui pussent être reproduites en relief. Mais Brewster (1781-1868) imagina en 1844 son stéréoscope à réfraction et y plaça des dessins photographiques. Il en fit bien établir un modèle par l'opticien London de Dundee, mais ne put trouver en Angleterre un opticien pour en en-

(1) Claudet, opticien français, né en 1797, épousa une anglaise et s'établit à Londres en 1827. Il devint membre de la Société Royale de Londres en 1853 et mourut en 1867.

treprendre la fabrication suivie en vue de la vente au public. Ce n'est qu'au printemps de 1850 que, s'étant rendu à Paris, il fut conduit par l'abbé Moigno chez l'opticien Jules Duboscq, établi rue de l'Odéon. Duboscq accepta l'entreprise sans hésiter et, l'Exposition universelle de Londres, en 1851, apparaissant comme une occasion exceptionnelle, Duboscq y présenta les nouveaux appareils en même temps qu'une ample collection d'images binoculaires. Le succès fut immense. La Reine d'Angleterre voulut posséder un stéréoscope et plus de mille exemplaires en furent vendus pendant la durée de l'Exposition. Ce succès eut une conséquence inattendue. En apercevant ces personnages immobiles dans l'espace, les photographes s'avisèrent soudain que le mouvement seul leur manquait pour être l'image même de la vie et la copie fidèle de la nature. « La photographie et la stéréoscopie, écrit Claudet, dans leur merveilleux et parfait ensemble, sont maintenant appelées à compléter le phénakisticope qui, sans leur aide, serait resté un jouet scientifique bon à être regardé une fois. Rien ne serait plus curieux en physique qu'une combinaison parfaite du stéréoscope, du phénakisticope et de la photographie par laquelle on pourrait produire le phénomène extraordinaire de figures mouvantes avec toute l'illusion du relief naturel. Un art capable de faire paraître les objets comme de la sculpture mouvante serait tout ce que la science aurait jamais pu créer de plus extraordinaire et de plus merveilleux ». Cette idée vint tard, mais vint à plusieurs en même temps. Wheats-

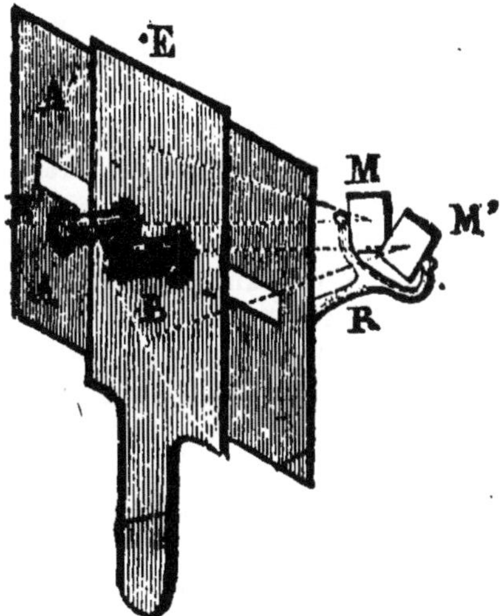

Fig. 1

tone, Claudet, Plateau, Wenham l'ont exprimée plus ou moins clairement. Le premier qui changea ce désir en action fut Jules Duboscq. Sa tentative, peu connue, date de la fin de 1851 ou, au plus tard, du début de 1852. Claudet dit avoir commencé les mêmes recherches quelque temps après Duboscq ; or, l'appareil de Claudet était construit et fonctionnait au mois de mai 1852.

Duboscq avait non seulement construit le stéréoscope de Brewster, mais imaginé des dispositions nouvelles qu'il breveta (16 février 1852). Parmi ces modèles de son invention se trouve un appareil à miroirs tournants (fig. 1) où les deux images dissemblables, vues par réflexion, ne sont plus mises côte à côte, mais l'une au-dessus de l'autre. Les photographies sont placées sur la face intérieure en A et A' et vont se réfléchir dans les miroirs MM' ; elles glissent horizontalement dans l'écran E que le spectateur tient à la main. Les miroirs sont mobiles sur leur axe de suspension de sorte qu'on règle à volonté leurs inclinaisons respectives pour que la réflexion se produise dans le plan des deux yeux. Les deux bonnettes BB' servent à regarder les images.

C'est cet appareil dont l'application fut faite au phénakisticope sous le nom de *stéréofantascope* ou *bioscope*. Les photographies étaient placées sur le disque au lieu de glisser horizontalement. Mais Duboscq donna deux formes à son appareil (1). Au lieu du disque vertical de Plateau, il employa un cylindre capable de tourner sur son axe vertical

(1) L'emploi d'un cylindre formant les bords relevés d'une plate-forme qui tourne sur un axe vertical fut imaginé par Horner en 1834. Le cylindre était percé de fentes longitudinales et portait sur sa paroi intérieure la série des images représentant les phases d'un mouvement. Si l'on regardait de l'extérieur par les fentes, les images apparaissaient tour à tour sur la paroi opposée. Il n'était donc plus besoin d'un miroir pour les refléter. Cette disposition,

et fixa sur deux zones, dans l'intérieur du cylindre, les deux séries de photographies ; puis, sous la zone inférieure, il pratiqua les fentes destinées à l'observation des figures. Au moyen de deux miroirs, comme dans le premier appareil, chaque série était réfléchie et le relief se produisait en même temps que le mouvement. Pour que l'illusion fut complète, il aurait fallu pendant l'action du sujet, faire sans l'interrompre une série suffisante de photographies dans un temps très court. La photographie d'alors ne le permettait pas. On devait suspendre le geste du modèle, prendre une épreuve, continuer un peu le mouvement, prendre une autre épreuve et ainsi de suite. Les images devenaient fausses comme dans le dessin manuel. Duboscq vainquit la difficulté en reproduisant des machines en action. Il est clair qu'en plaçant la machine dans les positions successives de son mouvement pour prendre des images à temps compté, on écartait toute erreur, chaque élément de la machine suivant obligatoirement une voie déterminée et invariable. Certaines séries comportaient *32* images pour une action. En outre, il reconstitua, plutôt, je pense, par nécessité commerciale que comme

---

reprise par Duboscq, fut réinventée par Desvignes en 1860 et enfin par Lincoln en 1867 qui donna à l'appareil le nom de zoetrope ou zootrope sous lequel il est resté connu. Le zootrope a supplanté le phénakisticope comme jouet et comme appareil d'expérience dans les laboratoires de physique.

expression de la vérité, des personnages dansant, faisant de l'escrime, etc...

L'idée d'appliquer la photographie au phénakisticope était tellement liée à l'apparition de la stéréoscopie que pendant longtemps les inventeurs ont toujours ajouté le relief au mouvement. Duboscq, Claudet, Wheatstone en 1852, Desvignes, Czugafewicz en 1860, Shaw, Dumont, Sellers en 1861, Cook et Bonelli, Humbert de Molard en 1867, ont décrit, fait breveter ou construit des dispositifs appliquant la stéréoscopie au phénakisticope. Seuls, Seguin en 1860, Ducos du Hauron en 1864, n'utilisèrent que l'ordinaire photographie.

Toutefois d'autres chercheurs, comme jadis Plateau, continuèrent à produire la synthèse du mouvement à l'aide de seuls dessins manuels, mais en perfectionnant ou modifiant le phénakisticope. Tels, Horner en 1834, Lincoln en 1867, Langlois et Augier, Linnett en 1868, Brown, Clerk Maxwell en 1869, etc. Il faut noter encore que l'autrichien Uchatius, en 1853, tenta le premier la projection d'images animées. Il ne fut pas seul puisqu'on a récemment trouvé au Conservatoire des Arts et Métiers un appareil similaire construit par Jules Duboscq et entré dans les collections en 1857. Bryant, en 1862, suivit Uchatius et Duboscq et le *phasmatrope* de Heyl en 1870 projeta également des images, mais pour la première fois des photographies. On voit que les tentatives faites dans cette période obscure qui va des travaux de Plateau à ceux de Janssen et de Marey sont nombreuses. Sans prétendre les analyser toutes ni décrire les mécanismes employés, j'indiquerai seulement ce que s'étaient proposé ces inventeurs et ce qu'ils ont su réaliser de leurs désirs.

Les historiens du cinématographe paraissent s'être entièrement mépris sur l'importance de ces premières expériences ; ou ils les ignorent, ou ils les qualifient d'amusements, ou bien, allant à l'excès contraire, ils laissent croire que ces inventeurs ont cherché sciemment la réalisation du cinématographe. Il n'en est rien. En général, le but de tous ces chercheurs est d'obtenir, à l'aide de la photographie, l'analyse d'un mouvement simple, quelques attitudes successives qui, reportées sur le phénakisticope montrent un personnage répétant indéfiniment son geste. Dumont, par exemple, dit : « J'ai pensé à employer des séries d'images reproduisant ainsi les phases successives d'un mouvement dans un appareil stéréoscopique et phénakisticopique pour lequel j'ai obtenu un brevet d'invention. Cet appareil me permet de faire poser devant mes objectifs des personnages en mouvement *qui seront reproduits dans toutes les phases de leurs mouvements et avec l'intervalle de temps qui a réellement séparé ces phases*. On peut ainsi utiliser des séries d'images d'une danseuse, de soldats, etc., soit pour le plaisir des yeux, soit pour l'enseignement. » Or, son appareil cylindrique (fig. 2) permettait seulement d'obtenir douze clichés successifs d'un même sujet *pris à quelques secondes d'intervalle*. Cependant Dumont énonce nettement les conditions nécessaires à l'analyse du mouvement en vue d'en refaire la synthèse : les phases ou attitudes photographiées doivent être reproduites avec le même intervalle de temps qui les a séparées lors de la prise de vues. Ainsi en 1861 une des lois essentielles de l'analyse était déjà définie. Celles de la synthèse l'étaient depuis 1833. Dumont n'est pas seul à s'exprimer ainsi. Ecoutez Cook présentant son appareil en 1867 : « J'ai imaginé et fait construire un appareil à l'aide duquel j'ai obtenu des négatifs qui sont mathématiquement exacts et m'ont permis de faire des expériences concluantes. Je crois que la question vitale est résolue et que toutes les ressources de la photographie sont applicables au développement du principe découvert par notre illustre compatriote Faraday (la synthèse du mouvement en réalité trouvée par Plateau). Si j'ai raison, comme j'ai tout lieu de le croire, nous verrons encore une révolution complète dans l'art photographique. Des paysages dans lesquels les arbres se plient au gré du vent, les feuilles qui tremblent et brillent aux rayons du soleil, des bateaux, des oiseaux qui glissent sur des eaux dont la surface se ride et se déride, les évolutions des armées et des flottes, enfin tous les mouvements imaginables pris au vol pourront servir de renseignements ». Ne croirait-on pas, à entendre celui-ci, qu'il a vu fonctionner le cinéma ?

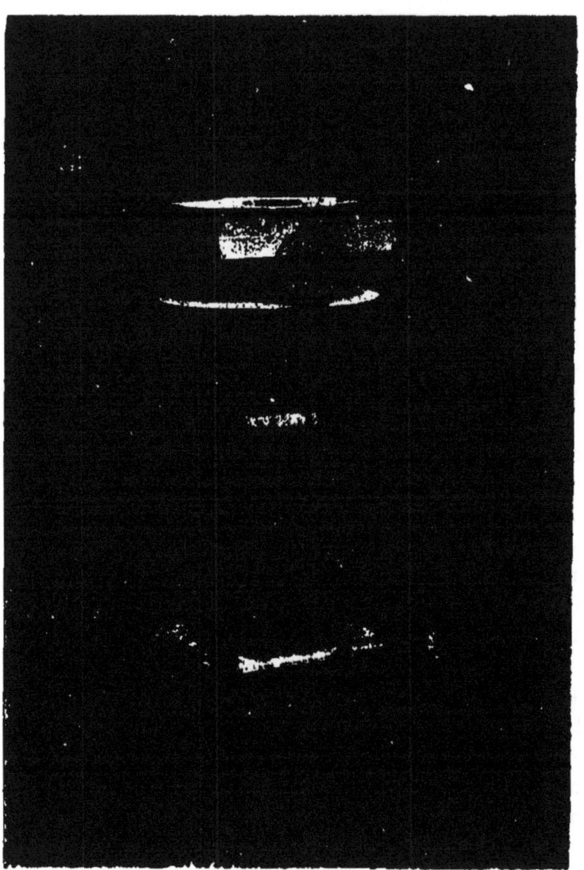

Fig. 2

Ducos du Hauron, en 1864, est plus pompeux encore : « Au moyen de mon appareil je me fais fort, dit-il, de reproduire le défilé d'un cortège, une revue et des manœuvres militaires, les péripéties d'une bataille, une fête publique, une scène théâtrale, les évolutions et les danses d'une ou plusieurs personnes, les jeux de physionomie, les grimaces d'une tête humaine, une scène maritime, le mouvement des vagues, la course des nuages dans un ciel orageux, l'éruption d'un volcan ». Or l'appareil prenait une courte série de vues sur plaques négatives servant à tirer des photocopies sur papier que l'inventeur collait ensuite à distances égales sur une bande d'étoffe. Pour enregistrer une scène durant *5* minutes — et c'est, pour les péripéties d'une bataille, bien peu — il eut fallu *4.800* images sur papier tirées d'après *4.800* négatives sur verre. Ni Ducos, ni Cook, ni Dumont, ni les autres ne se sont doutés de cela. Dumont prenait *12* photographies et les autres guère davantage. Claudet affirmait que huit images sont bien suffisantes pour donner l'illusion parfaite d'un mouvement et tous n'ont montré dans leurs appareils — quand ils y ont montré quelque chose — que de courtes scènes infidèlement reproduites et telles à peu près qu'on les voyait en 1852 : « une dame travaillant à l'aiguille et faisant les mouvements nécessaires ; un fumeur éloignant et rapprochant le cigare de sa bouche pendant qu'il aspire la fumée et qu'il la souffle à l'extérieur ; des personnes qui boivent et qui portent des toasts à l'anglaise, etc. ». Je ne puis être soupçonné d'hostilité envers Ducos du Hauron et je crois bien avoir été l'un des premiers à faire connaître son appareil oublié de 1864. Interrogé par moi à bien des reprises sur le but qu'il espérait atteindre, la vérité m'oblige à dire que Ducos n'a jamais eu la moindre idée du cinématographe et que son ambition n'a pas été au-delà de ce que j'ai énoncé plus haut. Et l'appareil a été au-dessous de ce que l'inventeur en attendait. Construit avec plus ou moins de bonheur par un serrurier voisin, il n'a donné que de piètres résultats et fut abandonné. C'est pour une cause identique qu'ont disparu tous les appareils dont je viens de faire l'énumération.

En résumé, il faut dire que, sans exception, les inventeurs de cette période — puisque la synthèse leur était connue — ont eu le désir de réaliser l'analyse du mouvement à l'aide de la photographie, mais n'en ont pas soupçonné toutes les conditions et, en particulier, la nécessité d'obtenir seize images à la seconde pendant tout le temps que durait la scène enregistrée. La dernière tentative que je classerai dans cette série précédant Marey, est celle de Janssen en 1874. Elle réussit parce que son objet était très limité. Pour observer le passage de la planète Vénus sur le disque du soleil, Janssen utilisa la photographie, familière aux astronomes depuis bien des années, dans un appareil de son invention dit *revolver photographique*. Une plaque circulaire tournant sur son centre, avançait par saccades et automatiquement toutes les *70* secondes, présentant un nouveau point de son pourtour à l'objectif. On obtenait ainsi une série d'images en couronne donnant à intervalles réguliers les positions successives de la planète par rapport aux bords du soleil. Comme il n'était besoin que de la silhouette de l'astre sur la lumière éclatante du soleil, une pose extrêmement courte suffit à impressionner la plaque au collodion humide. L'appareil, emporté au Japon, donna des séries de *24* vues assez confuses qui furent reproduites en un dessin d'ensemble. Le dessin, à son tour, fut photographié sur plaques daguerriennes de forme circulaire. La Société Française de Photographie possède une de ces plaques, le Conservatoire des Arts et Métiers, une autre. La tentative de Janssen n'apporta rien de nouveau à la solution de l'analyse photographique du mouvement et ne doit pas être séparée de toutes celles que j'ai énumérées auparavant. Marey l'a citée comme la première parce qu'il ignorait les autres et Janssen a cru de bonne foi avoir « créé l'analyse d'un phénomène en reproduisant la série de ses aspects élémentaires ». Mais les appareils de Ducos, de Cook, de Dumont, etc., valaient celui de Janssen et s'ils n'ont donné que des insuccès c'est qu'on les appliquait à des buts infiniment plus complexes et plus difficultueux que la reproduction d'une silhouette.

Pour que le lecteur se fasse une idée aussi exacte

que possible des travaux que je viens de résumer, je crois utile d'en établir la liste — incomplète peut-être, mais qui n'a jamais encore été dressée :

1833. Plateau : *Fantascope* ou *Phénakisticope*, dessins manuels.

1833. Stampfer : *Disques stroboscopiques*, dessins manuels.

1834. Horner : *Daedalum*, dessins manuels.

1849. Plateau : *Anorthoscope*, dessins manuels.

1851. J. Duboscq : *Stéréofantascope*, 1re application de la photographie.

1852. Claudet : *Phénakisticope stéréoscopique*, dessins photographiques.

1852. Wheatstone : *Phénakisticope stéréoscopique*, dessins photographiques.

1852. Seguin : *Vues mécanisées d'après photographies*.

1853. Uchatius : *Phénakisticope de projection*, dessins manuels.

1857. Duboscq : *Phénakisticope de projection*, dessins manuels.

1857. Réville : *Phénakisticope de projection*, dessins manuels.

1860. Desvignes : *Modèle semblable au zootrope*, dessins photographiques.

1860. Czugafewicz : *Phénakisticope stéréoscopique*, dessins photographiques.

1861. Shaw : *Phénakisticope stéréoscopique*, dessins photographiques.

1861. Dumont : *Phénakisticope stéréoscopique*, dessins photographiques.

1861. Sellers : *Phénakisticope stéréoscopique*, dessins photographiques.

1864. Ducos du Hauron : *Appareil à bandes*, dessins photographiques.

1867. Cook et Bonelli : *Phénakisticope stéréoscopique*, dessins photographiques.

1867. Humbert de Molard : *Phénakisticope stéréoscopique*, dessins photographiques.

1867. Lincoln : *Zoetrope* ou *Zootrope*, dessins manuels.

1868. Linnett : *Kinéograph*, dessins manuels.

1868. Langlois et Augier : *Kinéscope*, dessins manuels.

1869. Brown : *Projections animées*, dessins manuels.

1869. Clerk Maxwell : *Projections animées*, dessins manuels.

1870. Bourbouze : *Projections animées*, dessins d'après photographies.

1870. Heyl : *Projections animées*, dessins d'après photographies.

1871. Ross : *Projections animées*, dessins manuels.

1874. Janssen : *Revolver photographique*, dessins photographiques.

Chapitre III

L'ANALYSE DU MOUVEMENT

Marey, né à Beaune en 1830, vint à Paris étudier la médecine en 1849. Interne des hôpitaux en 1855, docteur en 1859, il se spécialisa dans les recherches physiologiques et créa dans ce but un laboratoire privé, le seul qui existât en France à cette époque. Des travaux faits en collaboration avec Chauveau sur la circulation du sang et le mécanisme des contractions du cœur attirèrent sur lui l'attention. Lauréat de l'Académie des Sciences en 1862, 1864 et 1866, professeur au Collège de France en 1869, membre de l'Académie de médecine en 1872, de l'Académie des Sciences en 1878, Marey est mort à Paris, le 16 mai 1904.

L'originalité de son œuvre consiste à avoir porté la précision mathématique dans l'étude des phénomènes de la vie et traduit en tracés graphiques simples les mouvements du cœur, des artères, l'action des muscles, la locomotion chez l'homme et les animaux, le vol des oiseaux et des insectes, etc. Ses premiers ouvrages indiquent bien la nature et le développement de ses travaux : *Physiologie médicale de la circulation du sang (1863)* ; *Etudes physiologiques sur les caractères graphiques des mouvements du cœur (1863)* ; *Du mouvement dans les fonctions de la vie (1868)* ; *La machine animale, locomotion terrestre et aérienne (1874)* ; et enfin *La méthode graphique dans les sciences expérimentales (Paris, 1878)* où Marey, en pleine possession de son système, en exposait les détails et les lois.

Il s'est occupé de bonne heure de l'étude du mouvement et les allures du cheval paraissent avoir été l'objet de ses premières expériences, guidé en celà, peut-être, par des essais tentés au XVIIIe siècle. Marey logeait dans l'ajusture des fers d'un cheval une ampoule de caoutchouc commandant à l'aide d'un long tube un style mû par l'air comprimé. La pression du pied touchant le sol actionnait le style et celui-ci traçait sur une bande de papier, animée d'un mouvement cylindrique, un trait proportionnel à la durée de la pression. Lorsqu'on retirait ce graphique on y voyait marquées les positions successives des quatre pieds avec les intervalles de temps qui les avaient séparées. Autrement dit, on avait l'écriture des *appuis* et des *levés* de chaque membre avec leurs rapports réciproques. Marey établit ainsi que le cheval au galop s'appuie sur un pied, puis sur trois, puis sur deux, puis sur un. Le Colonel Duhousset, très compétent en ces choses, établit des figures représentant les attitudes du cheval telles qu'on pouvait les déduire des graphiques. Déjà, en 1867, Marey avait placé ses dessins dans le zootrope et reconstitué le mouvement pour démontrer que les différentes allures du cheval dérivent de l'amble. Mais ces affirmations nouvelles et hardies rencontrèrent beaucoup de sceptiques. Les images du colonel Duhousset étant passées sous les yeux de l'Américain Stanford, ancien gouverneur de la Californie, celui-ci eut peine à croire qu'un cheval au galop pût s'appuyer à un certain moment sur un seul pied de devant.

C'était en 1878. Il chargea un photographe de San Francisco, Muybridge, de contrôler le fait à l'aide de la photographie. Muybridge établit au long d'une piste où devait courir le cheval, vingt-quatre appareils dont les objectifs étaient commandés par des électroaimants ; vingt-quatre fils étaient tendus en travers de la piste. Le cheval, en courant, les rompait et déclenchait les obturateurs. On avait ainsi des photographies successives donnant en silhouettes vingt-quatre attitudes du cheval au galop. La photographie ayant confirmé les résultats obtenus par Marey, celui-ci demanda à Muybridge d'étudier de la même façon le vol des oiseaux. « Puis, dit Marey, pour continuer plus commodément et plus économiquement les expériences que j'avais demandé à Muybridge de faire, je dus me créer une méthode nouvelle ». Cette méthode, c'est la chronophotographie.

Marey construisit un appareil capable de prendre avec un seul objectif un certain nombre de photographies d'un objet mobile. Pour celà, un obturateur en forme de disque, lorsqu'on le mettait en marche, démasquait la plaque à intervalles réguliers chaque fois qu'une de ses fenêtres passait devant l'objectif. L'objet mobile, très éclairé, passait sur un fond d'un noir absolu. Cet appareil n'étant pas sans inconvénients, Marey en imagina un autre, en 1882, qu'il nomma fusil photographique. Celui-ci, imité du revolver de Janssen, donnait en une seconde douze images successives prises à intervalles réguliers ; il s'épaulait comme un fusil, permettant de suivre le sujet en mouvement, par exemple, un oiseau en plein vol. Ainsi la méthode graphique, qui pendant longtemps n'avait utilisé que le dessin manuel, adoptait maintenant le dessin photographique. Ce fut là une révolution qui changea du tout au tout les résultats de la méthode. Il faut remarquer qu'à l'inverse des inventeurs de la série précédente qui, partant de la photographie, prétendaient en faire un moyen parfait d'analyse, Marey, partant d'une méthode originale d'analyse du mouvement, employait la photographie seulement comme un auxiliaire commode. Les buts étaient essentiellement différents.

Ce qui décida Marey à employer un nouveau procédé de dessin fut la sensibilité des émulsions accrue depuis quelques années dans des proportions énormes. Au début de la photographie, une pose de dix minutes était courte. En 1841, l'utilisation du brome réduisit la pose à une ou deux minutes et, malgré les affirmations contraires des novateurs et les procédés mis en usage, la sensibilité resta à peu près la même jusque vers 1873. Dans des circonstances favorables, on réussissait des instantanées en une seconde ou en une fraction de seconde ; mais c'étaient des exceptions, des cas extraordinaires qu'on soumettait à l'examen des sociétés savantes, comme des sortes de prodiges. Il était impossible, avec le procédé au collodion humide qui fut en usage de 1851 à 1873, d'obtenir d'une manière régulière des images en un dixième de seconde. De là les échecs que j'ai signalés dans toutes les tentatives d'analyse par la photographie. Mais, en 1873, on commença à vendre des émulsions au gélatinobromure d'argent, d'abord sous forme liquide, puis sur plaques sèches et vers 1880 vint la période industrielle où les boîtes de plaques sèches de grande rapidité furent mises à la disposition des opérateurs. Les poses d'un centième de seconde n'eurent plus rien d'extraordinaire. On conçoit dès lors de quelle ressource devenait la photographie pour Marey.

A cette même époque, 1880, Marey s'associa un de ses élèves, Demeny, qui poursuivait des recherches de même ordre dans un but un peu différent. Demeny, né à Douai en 1850 et venu à Paris en 1874 pour y continuer ses travaux, étudiait notamment le mouvement chez l'homme « pour une meilleure utilisation de la force musculaire dans la gymnastique, les métiers manuels, les sports, etc. ». Il soumit à son maître un programme de travaux à faire en commun et Marey, ayant obtenu de l'Etat et de la Ville de Paris les ressources nécessaires, créa en 1882 la station physiologique du Parc des Princes, dans un quartier de Boulogne, à la porte de Paris. Je ne donnerai pas le détail des découvertes de Marey ni les résultats admirables découlés de sa méthode parce que mon sujet ne le comporte pas et que je traite seulement la photographie.

Marey montra que l'analyse du mouvement exige d'autant plus d'images prises en des temps de plus en plus courts que ce mouvement est plus rapide et que *50*, *70* et même *100* épreuves à la seconde sont souvent nécessaires ; si cette analyse est faite en vue de la synthèse, elle exige au moins *10* images par seconde. Mais la synthèse tentait beaucoup moins les deux savants que l'analyse et Marey, fidèle à ses graphiques simples, produisit à l'aide de dispositions ingénieuses des photographies donnant des dessins schématiques ou, selon son mot, des analyses cinématiques de mouvements rapides. Le fusil photographique, insuffisant pour de tels résultats, fut remplacé par un appareil utilisant des plaques fixes et par un autre utilisant des bandes ou pellicules sensibles amenées et arrêtées devant l'objectif pendant un temps très court par un mécanisme approprié. Marey les nomma *chronophotographes*.

Cependant, pour l'étude d'un mouvement, il était parfois utile de le reconstituer, d'en faire la synthèse. Marey, dans ce but, se contenta de se servir du zootrope et il attacha d'ailleurs peu d'importance à ces reconstitutions. En 1891, sur la demande d'un professeur à l'Institut national des sourds-muets, Demeny tenta d'appliquer à la phonétique la méthode graphique qui pourrait par là devenir utile à l'éducation des sourds-muets. Il réussit à obtenir à l'aide du chronophotographe de bonnes photographies d'une figure parlante. Le sujet prononçait une courte phrase : « Je vous aime » et, pendant la seconde que durait cette émission, l'appareil donna *18* images. Mais il fallait reconstituer ce mouvement des lèvres. « Je construisis immédiatement, dit Demeny, un zootrope tout à fait spécial ». Les images découpées étaient collées sur des fenêtres pratiquées à la couronne d'un disque de métal où elles étaient vues par transparence. Un deuxième disque servait d'obturateur et faisait un tour entier lorsque le premier disque avançait d'une image. On grossissait ces images à l'aide d'une lentille à travers laquelle on les regardait. Cet appareil de synthèse — qui n'était qu'un phénakisticope — prit le nom de *Phonoscope* et fut breveté le 3 mars 1892. Il reproduisait le mouvement des lèvres durant *2* ou *3* secondes dans de courtes phrases que des sourds-muets de l'Institut national, amenés devant l'appareil, purent lire facilement. Demeny chercha à exploiter son invention mais, si l'appareil de synthèse lui appartenait, il ne pouvait obtenir les photographies d'analyse qu'avec le *chronophotographe* de Marey. Les deux savants, jusque là unis, ne purent s'entendre sur les conditions d'association et se brouillèrent (1893). Demeny construisit alors un chronophotographe que Marey qualifia de contrefaçon et Marey, de son côté, chercha à créer un appareil de synthèse. Je remarquerai que Demeny joignit la stéréoscopie à son phonoscope qu'il juge en ces termes : « J'avais joint la stéréoscopie à la zootropie et exécuté des jouets qui restèrent à l'état de curiosités de laboratoire parce qu'ils étaient trop délicats ». C'est la phrase même qu'on pourrait appliquer à tous ces inventeurs des environs de 1860 que j'ai cités au chapitre précédent.

L'appareil de synthèse construit par Marey, le *chronophotographe projecteur*, était destiné dans la pensée de l'auteur « à montrer à l'auditoire qui remplit un amphithéâtre de cours » les détails d'analyse d'un mouvement en le reconstituant sur l'écran à l'aide de « quarante ou soixante images positives ou même davantage ». Remarquons que *60* images, à l'allure de *15* à la seconde, donnent *4* secondes de projection. C'est toujours le phénakisticope de Plateau, d'autant mieux que le mouvement était répété. Mais l'appareil — actuellement aux Arts et Métiers — fut impuissant à donner même ce résultat si mince. Les images, parce qu'elles avaient été prises à intervalles inégaux, devaient être découpées, reportées et collées avec soin sur une bande de toile caoutchoutée pour qu'elles devinssent équidistantes. D'ailleurs Marey ne s'est jamais proposé que l'analyse du mouvement, la synthèse l'intéressait peu. Même après la découverte du cinématographe, il ne paraît pas en avoir compris l'importance. « La chronophotographie, dit-il, rend peut-être plus de services sous la forme de simple analyse que sous la forme de synthèse, si surprenante que soit cette résurrection du mouvement ». Or, à ce moment (1899), le cinéma s'était déjà répandu dans le monde entier. Marey, enfin, ne continua pas ses recherches. « Ayant appris, dit-il, que notre préparateur (Demeny) avait obtenu d'une autre façon une solution immédiate du problème, il nous a paru convenable de surseoir à de nouveaux essais. » (1894). Telle a été la contribution de Marey à la synthèse du mouvement. Elle est nulle. Par contre, il a été le véritable créateur de l'analyse par la photographie.

Quant à Demeny, il a revendiqué et on a revendiqué pour lui la gloire d'avoir inventé le cinématographe. Je crois aujourd'hui cette prétention à peu près abandonnée. On a vu ce qu'était son phonoscope et que, séparé de Marey, il avait construit un appareil de prises de vues forcément parent du chronophotographe et que Marey qualifia de copie. Demeny a fait le récit de ses inventions dans une brochure devenue rare : *Les origines du cinématographe*, éditée chez Paulin en 1909. Malheureusement l'auteur y a trop confondu les appareils imaginés en 1893 et 1894 et les perfectionnements qu'il y apporta après que l'invention du cinématographe eût ouvert les yeux, à lui et aux autres, sur ce que devait être un appareil de synthèse. Il en résulte plus d'une méprise. C'est ainsi que Demeny dit (page 26) : « J'indiquai immédiatement dans un brevet du 10 octobre 1893 un perfectionnement important... Cet appareil fonctionna très bien et me donna immédiatement des résultats définitifs. Je pus prendre ainsi sur pellicules de 6 cm. les funérailles de Pasteur ». Le lecteur déduira de ce passage que l'appareil fonctionna très bien en 1893. Or, Pasteur est mort le 28 septembre 1895 et le cinématographe de Lumière était connu depuis le 22 mars précédent. Ces erreurs — involontaires, je pense — sont fâcheuses en ce sens que l'historien n'ose pas tirer parti de cet opuscule qui aurait pu être précieux. Une chose cependant est certaine : les appareils de Demeny ont mal fonctionné. Ils n'ont pu constituer — dans les années qui ont précédé le cinématographe — que des expériences de laboratoire plus ou moins heureuses et presque entièrement consacrées à l'analyse, ses tentatives sérieuses de synthèse n'ayant commencé qu'en 1895. Et l'on doit dire qu'il ne semble pas que Demeny ait été très supérieur à Marey dans la synthèse du mouvement. Il a attribué ses insuccès aux difficultés éprouvées avec les sociétés qui exploitaient ses brevets.

Arrivé à ce point de mon étude, il est indispensable de rappeler ce qui s'est fait en dehors de Marey et de Demeny et les travaux qui se sont développés parallèlement aux leurs un peu dans tous les pays. Cet exposé bref et forcément incomplet deviendra clair en dressant ici le tableau des inventeurs qui ont, après Janssen et jusqu'à l'apparition du cinématographe, cherché soit la prise de photographies en vue de l'analyse du mouvement, soit des appareils pour reproduire ce mouvement à l'aide de dessins manuels ou de photographies. Ce sera le complément du tableau dressé dans le chapitre précédent. Mais il ne faut pas que cette liste impressionnante devienne une cause d'erreur. Que le lecteur n'oublie pas que la plupart de ces tentatives ont passé inaperçues et que l'invention du cinématographe seule les a fait connaître. Les historiens, en en recherchant l'origine, ont déterré tous ces auteurs dont les uns n'ont fait que des descriptions belles mais imaginaires et les autres des réalisations insuffisantes et rapidement tombées dans l'oubli. Aussi n'étudierai-je dans mon récit que les inventeurs les plus marquants dans chaque pays ; ceux qui demeureront seulement cités dans la liste ayant obtenu des résultats inférieurs :

1876. Donisthorpe : Appareil employant des images sur bandes.

1877. Reynaud : *Praxinoscope*, zootrope perfectionné.

1878. MUYBRIDGE : Batteries d'appareils pour prises de vues.

1880. REYNAUD : *Praxinoscope-théâtre* et de *projection.*

1882. MUYBRIDGE : Synthèse du mouvement dans le zootrope.

1882. MAREY : *Fusil photographique.*

1882. MOLTENI : *Choreutoscope.* Dessins animés (1)

1883. ANSCHUTZ : Expériences semblables à celles de Muybridge.

1883. LONDE : Chronophotographe à objectifs multiples.

1885. ANSCHUTZ : Synthèse du mouvement.

1888. MAREY : *Chronophotographe* à bande ou pellicule.

1888. POTTER : Lanterne magique à bande ou pellicule.

1888. LEPRINCE : Appareil à pellicule et objectifs multiples.

1888-1892. REYNAUD : *Théâtre optique.*

1889. FRIESE-GREENE et EVANS : Prises de vues stéréoscopiques et projections.

1889. MUYBRIDGE : *Zoopraxinoscope.*

1890. VARLEY : Chronophotographe.

1890. DONISTHORPE et CROFT : Projections d'images sur films.

---

(1) J'omets dans cette liste les nombreux appareils de cette sorte qui ne se rapportent qu'indirectement au cinématographe.

1890. Général SÉBERT : Etude de la vitesse des projectiles par la chronophotographie.
1891. ANSCHUTZ : *Elektrotachyskop.*
1891. EDISON : *Kinétograph.*
1892. DEMENY : *Phonoscope.*
1892. LONDE : Chronophotographe électrique.
1892. BOULY : Brevet pour un appareil nommé *cinématographe.*
1893. MAREY : Appareil pour projeter des photographies animées.
1893. EDISON : *Kinétoscope.*
1893. DEMENY : Appareil pour projeter des photographies animées.
1893. FRIESE-GREENE : Appareil pour projeter des photographies animées.
1894. JENKINS : *phantoscope* pour projeter des photographies animées.
1894. GOSSART : Chronophotographe.
1894. SKLADANOWSKI : Projections animées.
1895 (22 mars). LUMIÈRE frères : *Cinématographe.*

Pour l'Amérique, j'ai indiqué les essais de Muybridge (1830-1904), en 1878, essais continués dans la suite et qui donnèrent de beaux résultats, mais inférieurs à ceux de Marey parce que la méthode qui les inspirait ne possédait pas la même rigueur scientifique. Muybridge esseya de reconstituer quelques mouvements à l'aide du zootrope (1882). Puis il transforma son appareil en une sorte de phénakisticope de projection baptisé *Zoopraxinoscope*

(1889). « *Des images de chevaux peintes sur des disques de verre d'après les photogrammes de l'auteur* » tournaient au foyer d'une lanterne de projection. « Les éclairements étaient fournis par un disque obturateur et l'on pouvait ainsi voir sur un écran des silhouettes de chevaux courant en sens divers et à toutes les allures ».

Anschutz (né en 1846), en Allemagne, reprit en 1883 la méthode de Muybridge et obtint des résultats meilleurs que ceux de Muybridge dans l'analyse et dans la synthèse (1883 à 1892). Les travaux d'Anschutz et de Muybridge appartiennent surtout à la chronophotographie, à l'analyse du mouvement. Pour remarquables qu'ils soient, ils sont loin d'atteindre l'importance de ceux de Marey et, quant au cinématographe, ils n'ont pu assurément en donner aucune idée.

L'anglais Friese-Greene (1855-1921), après plusieurs années de recherches, breveta en 1889, en collaboration avec Evans, un appareil capable de prendre sur un film, à l'allure de *10* à la seconde, *300* images stéréoscopiques. Nous ne savons pas ce qu'eut été la réalisation, car l'inventeur, ruiné, abandonna ses essais. En 1893, il imagina un nouvel appareil destiné à projeter des images sur film sans fin. Il n'est sorti de ces tentatives que des résultats médiocres ou nuls. En Angleterre, on est persuadé qu'Edison a copié l'appareil de Friese-Greene et que la mauvaise chance de l'inventeur l'a seule empêché de réaliser le cinématographe.

En tout cas, il est certain que les travaux de Friese-Greene, dont il n'est rien sorti, n'ont jamais eu la moindre influence sur ceux de Marey et encore moins sur ceux de Lumière. L'Angleterre fournit encore un autre inventeur, Leprince, français né en 1842, mais établi à Leeds et mort en 1890. Leprince aurait construit en 1888 un appareil à objectif unique prenant sur film de celluloïd 20 images par seconde ; il aurait fait aussi des projections. Il ne reste de tout cela que des descriptions de brevets et j'ai montré, à propos des inventeurs de la période précédente, combien il faut se défier des brevets et les erreurs que l'on commettrait si l'on confondait leurs descriptions avec la réalité. Les expériences de Leprince n'ont été connues qu'après sa mort.

Nous arrivons maintenant à un inventeur plus sérieux, à l'américain Edison. Les appareils de celui-ci ont été produits en public ; il en existe encore et qui fonctionnent, notamment à Paris. On peut donc en parler en connaissance de cause. Marey, en 1889, avait eu occasion de montrer à Edison, avec d'autres résultats de ses travaux, son *zootrope électrophotographique*. Est-ce de cette suggestion que sont nés les deux appareils d'Edison, le *kinetograph* et le *kinetoscope* ? Nul ne peut répondre à cela. Le kinétograph, destiné à la prise de vues, parut en 1891 et le kinétoscope, destiné à leur examen, deux ans après, sans que l'accord, d'ailleurs, se soit fait entre historiens, quant aux dates. Edison enregistrait, sur un film ayant les dimensions et les perforations actuellement en usage, environ *1.500* photographies d'une scène à l'allure de *40* à *50* par seconde et sans arrêt du film. Pour leur examen dans le kinétoscope, les images étaient éclairées par transparence, un disque fenestré démasquant chaque image pendant un temps très court au moment de son passage devant l'observateur qui les examinait par une fente étroite pratiquée à la partie supérieure de l'appareil. Que mes lecteurs aillent voir ce kinétoscope au Conservatoire des Arts et Métiers où il est. Le gardien le fera fonctionner sur leur demande. Ils mesureront aussitôt — et le kinétoscope, branché sur le courant du Musée, fonctionne beaucoup mieux que lors de son apparition en 1894 — ils mesureront la distance qui sépare cette boîte d'optique du cinématographe. Et cependant le kinétoscope d'Edison est aussi loin des appareils précédents que lui-même du cinéma.

Un autre inventeur, toutefois, un français, a approché le cinématographe de plus près qu'Edison, c'est Reynaud. Emile Reynaud, né au Puy en 1844, mort en 1918, se fit connaître en 1877 par une très heureuse modification apportée au zootrope. Son appareil, nommé *praxinoscope*, connut le plus grand succès dans le public comme jouet. Il le perfectionna puis il en projeta les images et d'ailleurs, pour donner une idée de ses différents appareils, je vais citer le procès-verbal peu connu de la séance où Reynaud les présenta à la Société Française de Photographie :

« SÉANCE *du 4 juin 1880.* — Monsieur Reynaud présente à la Société son appareil qu'il nomme *praxinoscope.* Comme le phénakisticope, le zootrope, etc., il donne l'illusion d'images en mouvement ; seulement, au lieu d'examiner le dessin lui-même, c'est son image virtuelle qui est perçue. Le praxinoscope consiste en un cercle autour duquel se place le dessin reproduisant les diverses phases du mouvement. Un prisme à douze pans formé de glaces étamées est disposé de façon que son centre coïncide avec celui du cercle portant les images et d'une dimension telle que les glaces soient placées juste à la moitié du rayon du cercle. L'image virtuelle est vue ainsi au centre du cercle.

« Si l'on met, entre l'œil et le prisme de glaces, une glace sans tain, il est possible de mettre du côté de l'observateur un décor, un paysage, etc. Ce décor est reflété par la glace sans tain et le sujet en mouvement se meut au milieu du décor. Monsieur Reynaud appelle ceci *praxinoscope-théâtre.* Les dessins doivent être reproduits sur fond noir.

« Enfin Monsieur Reynaud adapte son praxinoscope à un appareil de projection et projette sur un écran tous les effets que peuvent produire le praxinoscope simple et le praxinoscope-théâtre. *Après avoir fait fonctionner devant la Société ses différents appareils, Monsieur Reynaud fait remar-*

quer que les effets seraient bien plus heureux encore si, au lieu de dessins à la main représentant les différentes phases d'un mouvement, il était possible de les obtenir au moyen de la photographie. On aurait là une perfection de dessin, une exactitude de mouvement qu'il est difficile d'obtenir par le dessin manuel. Il prie la Société de vouloir bien s'intéresser à cette question et de tenter de résoudre ce problème. »

Ceci était dit en 1880, quinze ans avant l'invention du cinématographe. Voilà, direz-vous, le véritable inventeur du cinéma ! D'autant plus que Reynaud avait songé à tout ! Non seulement il a substitué la photographie au dessin manuel, mais il a fait usage de la bande sans fin et, pour entraîner sa bande, il a fait usage des perforations ! ses projections ne sont pas restées à l'état de théories ou de projet mal réalisé. Il les a produites en public et dans quel lieu ! au centre de Paris, dans l'établissement qui peut être attirait le plus de visiteurs, au musée Grévin. Pendant huit ans, de 1892 à 1900, le théâtre optique de Reynaud y a fonctionné devant cinq cent mille spectateurs. Certaines bandes, telle *le Bon Bock*, comprenaient *700* images. La meilleure de toutes, *Pauvre Pierrot*, en avait *500* et toute une salle contemplait ce spectacle sur l'écran ; et Reynaud, à la perfection du dessin, ajoutait la magie de la couleur. Rien n'y manquait donc. Mais si, quelque chose. Malgré qu'il fût très possible en 1892 de prendre des séries de photographies en mouvement, Reynaud ne le fit jamais ; il exécuta toujours ses figures par le dessin manuel parce que, pensait-il, seul ce dessin donnait des résultats artistiques. Et lorsque, plus tard, après 1895, Reynaud employa la photographie, ce ne fut que pour lui fournir une série d'études qu'après un choix sévère il transformait en dessins manuels. A celui-là aussi il a donc manqué quelque chose. Reynaud n'a pas vu ce qui fait tout le cinéma : la vie, belle ou laide, rare ou vulgaire, mais entière et saisie telle et reproduite par la photographie. Et à qui en douterait, je rappellerai ceci : dernièrement, dans un film retraçant l'histoire du cinéma, on a reconstitué la meilleure bande de Reynaud, *Pauvre Pierrot*, et on l'a intercalée parmi les premiers films tournés en 1895 par les frères Lumière. Cette claire leçon de choses fut décisive. La différence sauta aux yeux et l'on conçut immédiatement pourquoi le théâtre optique a disparu alors que le cinéma a rempli le monde. Un abîme sépare ces deux conceptions. Et l'on peut mesurer après cela quelle valeur ont pu avoir les tentatives antérieures et si inférieures à Reynaud.

Dirai-je un mot maintenant de l'allemand Skladanowski ? C'est peut-être inutile. Sakaladanowski ou Skladanowski semble avoir été inventé après coup par des historiens qui voulaient de l'inédit. On ne sait pas grand chose de ses travaux en 1894. La seule chose assurée est qu'il a fait des projections animées en Allemagne huit mois après l'apparition du cinématographe. Mais en quoi consistaient ces projections ? On n'est pas d'accord là-dessus, en sorte que les historiens allemands sérieux l'ont abandonné. C'est le dernier de la longue série des chercheurs qui ont précédé Lumière et le cinématographe.

Chapitre IV

LE CINÉMATOGRAPHE LUMIÈRE

Les frères Lumière sont nés à Besançon, au n° 148 de la Grand-Rue, au coin de la place Saint-Quentin actuellement place Victor-Hugo, Auguste le 19 octobre 1862, Louis le 5 octobre 1864. Leur père, Antoine Lumière, exerça dans cette ville la profession de photographe entre les années 1860 et 1870. Il vint alors s'établir à Lyon où, en 1880, il créa rue Saint-Victor, dans le quartier Monplaisir, alors inhabité, une fabrique de plaques et produits photographiques. Ce fut le berceau modeste des établissements actuels.

On sait que le procédé presque exclusivement en usage de 1851 à 1873 fut le collodion humide. La plaque devait être employée aussitôt préparée et perdait en séchant une grande partie de sa sensibilité. De là, l'obligation pour chaque opérateur de préparer ses plaques négatives au fur et à mesure des besoins. L'habitude existait aussi de sensibiliser ses papiers positifs. Ainsi le photographe demeurait son propre fabricant. Les premiers papiers positifs vendus tout prêts par le commerce paraissent dater des environs de 1865. Je dois dire d'ailleurs que j'ai eu de nombreuses occasions de constater que les papiers salés et albuminés préparés par les photographes d'autrefois sont infiniment supérieurs à ceux que leur a depuis fournis l'industrie. Quoiqu'il en soit, l'anglais Maddox commença en 1870 à expérimenter le bromure d'argent et le procédé au bromure se substitua peu à peu au collodion humide. Bientôt après on fit aussi des papiers au bromure d'argent ; puis la sensibilité des plaques et des papiers augmenta dans des proportions inattendues. La facilité de l'emploi, la grande rapidité des plaques sèches au gélatinobromure, non seulement firent oublier aux photographes les manipulations malaisées de jadis, mais attirèrent à la photographie d'innombrables amateurs qui, devenus clients, ont donné au commerce et aux industries photographiques le formidable développement qu'elles ont atteint aujourd'hui. Cette période industrielle a commencé vers 1880 et Antoine Lumière fut l'un des premiers, sinon le premier en France, à comprendre l'importance des nouveaux procédés. Mais, au début, il n'existait aucun mode assuré de fabrication. Tout était à créer, depuis le choix de la matière première jusqu'à la chimie de l'émulsion, depuis l'outillage jusqu'à la clientèle. L'audacieux photographe mué en industriel avait-il trop présumé de ses forces ? A la fin de 1882, il se trouva aux prises avec d'invincibles difficultés et, découragé, eût sans doute abandonné l'entreprise s'il n'eût été alors courageusement soutenu par ses fils. Auguste avait 20 ans, Louis 18. Tous deux, entrés tour à tour à l'école lyonnaise de La Martinière y avaient complété des études restées jusque là ordinaires. Mais cette école, où la discipline était rude et le labeur sévère, les révéla à eux-mêmes. Ils y prirent l'un et l'autre l'amour de l'effort et de la difficulté vaincue. L'un et l'autre s'y montrèrent aussi élèves remarquables ; Louis en sortit avec le numéro un. Ces jeunes gens, que rien n'avait préparés à une responsabilité imprévue et si lourde, assumèrent sans hésiter la direction de l'usine à son commencement. Chimistes, ils l'étaient de par leurs études, mais il y a loin du travail d'un écolier à celui d'un chef d'entreprise. Alors commença pour eux une longue période d'un labeur écrasant fait d'expériences et de recherches ingrates et qui, pendant des années, ne leur laissa pas un jour de répit. « Pour ainsi dire endormis au monde adolescents, disent-ils, nous nous réveillâmes hommes faits, quand le succès était venu. L'usine, partie d'un hangar, couvrait maintenant tout un quartier de Lyon. »

Telle fut la jeunesse studieuse des frères Lumière et la dure école où ils apprirent à devenir maîtres du sort. Auguste et Louis ont mis leurs découvertes en commun avec l'intention qu'à propos d'elles on ne séparât jamais leurs noms. Et, à la vérité, ils ont fourni l'un et l'autre des parts égales à cette longue liste de travaux qui les a rendus célèbres. Cependant, quand l'historien, comme dans le cas présent, n'envisage qu'une partie isolée de leur œuvre, il doit la vérité au lecteur et se trouve dans l'obligation de séparer ce qui revient à chacun des deux frères. Le cinématographe est l'œuvre de Louis Lumière seul.

Les chapitres précédents ont montré à quelle époque et comment est née l'idée de la synthèse et de l'analyse du mouvement, la longue suite d'inventeurs acharnés à sa réalisation et l'étrange illusion de quelques savants modernes qui ont cru découvrir ces choses si anciennes. Deux noms ont été retenus avant les autres : Plateau qui, de rien, a créé la synthèse ; Marey établissant les lois de l'analyse pour le bénéfice d'études étrangères à cet objet. Ainsi, les conditions théoriques étant déterminées et la photographie, de l'aveu de tous, donnant une possibilité de réalisation, quelle serait cette réalisation ? Voilà à peu près comment se posait, vers 1890, le problème de la photographie animée. Certes, moins nettement, parce que nous savons aujourd'hui beaucoup de choses qu'ignoraient les gens d'alors et qui nous rendent claires des idées pour eux bien confuses. Les meilleures déductions tirées des connaissances acquises à cette date sont celles d'Edison et de Reynaud. Elles sont insuffisantes et j'ai montré en quoi elles sont insuffisantes, quoique meilleures que les autres : Edison, appareil pour un seul spectateur, image minuscule, pellicule à mouvement continu et à cause de celà insuffisamment éclairée ; Reynaud, incompréhension du rôle de la photographie.

A voir tant de chercheurs et de savants, tant de cerveaux inquiets et instruits, — et, assurément, je ne les ai pas tous nommés — à voir tant d'hommes remarquables faire de tels efforts, imaginer cette suite d'appareils ingénieux et si différents, et nous proposer des solutions qui n'ont satisfait ni eux, ni nous-mêmes, on comprend qu'ils ont erré autour d'une idée qu'ils étaient impuissants à préciser, qu'ils ont senti qu'une solution était là, proche ; mais où ? Senti que des connaissances acquises, des ressources à la disposition de tous, une déduction était à tirer, mais laquelle ? Cette chose mystérieuse qu'aucun d'eux n'a pu voir, c'est le cinématographe ; c'est la vie prise partout, dans l'espace et dans le temps, le passé aboli, hier redevenu aujourd'hui, la vie vécue une seconde fois ; c'est, vulgaire, tragique, ou risible, la vie donnée en spectacle sur l'écran à toute une salle, la vie devenue théâtre. Cette idée, aujourd'hui simple et familière à tous et, alors inconnue de tous, est née spontanément dans le cerveau de Louis Lumière avec une perfection et une netteté auxquelles le temps n'a jamais rien pu ajouter. Elle lui est venue aisément, pourrait-on dire, alors que tant d'inventeurs se débattaient dans l'impuissance et que l'immense majorité des hommes ne se doutaient même pas de sa possibilité. « De toutes mes inventions, dit Louis Lumière, c'est celle-là qui m'a le moins coûté ».

Assurément, Louis Lumière connaissait mieux

que quiconque la photographie ; il y était né, il en avait fait l'objet de ses études, le but de sa vie. Tous les problèmes qu'elle avait posés, depuis son début, lui étaient familiers : raccourcissement de la pose par l'extrême sensibilité des émulsions, simplification des procédés, illusion du relief, copie de la couleur, illusion du mouvement. Il y avait songé, il avait peut-être imaginé des solutions possibles. En 1894, il avait vu, comme spectateur, le théâtre optique de Reynaud et le kinétoscope d'Edison qui lui suggéra l'idée du cinématographe. Six mois après, à la fin de 1894, tout était achevé.

Je ne puis mieux faire ici, pour décrire l'appareil Lumière, que citer la brochure éditée par les inventeurs en 1897 et devenue bien rare aujourd'hui : « Vers l'année 1893, disent-ils, on a vu s'installer en France, venant d'Amérique, des appareils inventés par Edison, nommés kinétoscopes, et qui montrent à des spectateurs isolés de longues séries de photographies se succédant à intervalles très courts. La bande, sur laquelle les photographies sont prises, étant animée d'un mouvement continu, chaque épreuve, pour donner une impression nette, ne doit être vue que pendant un temps très court qui ne dépasse pas un sept millième de seconde. Dans de telles conditions, l'éclairement est très faible et, par suite, les scènes n'ont que peu de profondeur, trente épreuves au moins sont nécessaires pour laisser sur l'œil une impression de continuité suffisante. Notre cinématographe n'a pas ces défauts ; il permet d'abaisser le nombre des épreuves à quinze par seconde, de montrer à toute une assemblée de spectateurs, en les projetant sur un écran, des scènes animées variées. La profondeur sous laquelle on peut saisir des objets en mouvement n'étant plus limitée, on arrive à représenter d'une façon saisissante l'animation des rues et des places publiques. » Les bandes pelliculaires employées avaient de *15* à *18* mètres de longueur sur *35* millimètres de largeur. Elles portaient environ *900* images de *25* millimètres de large sur *20* millimètres de hauteur. Sur les deux bords de la pellicule étaient perforées des ouvertures circulaires équidistantes, à *20* millimètres les unes des autres, dans lesquelles pénétraient périodiquement deux griffes, conduites par un cadre métallique, chargées de tirer vers le bas la bande pelliculaire et de la déplacer de l'intervalle qui sépare deux ouvertures à chaque passage de l'écran mobile. Les griffes remontaient pour attaquer la pellicule dans les deux trous suivants et ainsi de suite. Chaque image était arrêtée dans le faisceau de lumière projetée pendant deux quarante-cinquième de seconde, puis un obturateur bouchait la fenêtre du projecteur pendant le déplacement de la pellicule qui durait un quarante-cinquième de seconde. Une autre image prenait la place de la première et le mouvement continuait. La prise de vues et la projection étaient obtenues avec le même dispositif ; c'est ce que l'on nomma la réversibilité.

Le nouvel appareil put être montré à quelques intimes dès l'automne de 1894, la pellicule perforée n'étant encore qu'une bande de papier transparent. Il reste peu aujourd'hui de ces témoins de la première heure. La présentation en fut faite à Paris par Louis Lumière le 22 mars 1895 à la Société d'Encouragement pour l'Industrie Nationale, 44, rue de Rennes, au cours d'une conférence sur l'industrie photographique que lui avait demandée le professeur Mascart. On y projeta une seule bande : *La sortie des ouvriers de l'usine Lumière*. C'est donc celle-là qu'il faut considérer comme la plus ancienne. La seconde présentation du cinématographe eut lieu à Lyon, à l'occasion du Congrès des Sociétés photographiques de France, le 10 juin suivant, et, cette fois, huit bandes y furent montrées dont voici l'énumération : *1. la sortie des usines Lumière* ; *2. la place de la Bourse à Lyon* ; *3. une leçon de voltige* ; *4. les forgerons* ; *5. bébé pêchant des poissons* ; *6. un incendie* ; *7. l'arroseur arrosé* ; *8. le goûter de bébé*. Le surlendemain, on montrait aux congressistes deux nouvelles bandes faites la veille : *l'astronome Janssen* — qui présidait le Congrès — *entretenant un Conseiller général du Rhône* et *les membres du Congrès débarquant à Neuville-sur-Saône*. Un mois après, le 11 juillet, Louis Lumière projetait les mêmes bandes dans les salons de M. Louis Olivier, directeur de la Revue Générale des Sciences, où avaient été conviées cent cinquante personnes appartenant à l'élite du monde savant. Enfin, le

16 novembre, des projections eurent encore lieu à la Sorbonne à l'occasion de la rentrée de la Faculté des Sciences.

A chacune de ces séances, on ne sait qui l'emporta de l'étonnement ou de l'admiration. Cependant ce n'étaient là que des assistances restreintes de physiciens et de photographes dont l'enthousiasme s'expliquait parce qu'ils voyaient résolu un problème dont ils mesuraient les difficultés. Mais quel accueil ferait au cinématographe le grand public ? Peut-être Auguste et Louis Lumière, qui étaient et sont encore des hommes d'étude et de recueillement, peut-être les frères Lumière n'auraient-ils de longtemps lancé leur invention dans le public, si leur père, Antoine Lumière, plus entreprenant, ne s'était entendu avec un photographe parisien, Clément Maurice, pour en commencer l'exploitation à Paris. Une salle fut louée dans le sous-sol du grand Café, au numéro 14 du boulevard des Capucines, et l'inauguration eut lieu le soir du 28 décembre 1895. Retenons cette date, c'est le commencement d'une grande chose. Au surplus, voici comment Clément Maurice a raconté ces premiers pas du cinéma dans le monde : « Nous avons ouvert cette salle au Grand-Café avec M. Lumière père loin de nous douter du succès rapide des démonstrations. La salle contenait à peine une centaine de personnes. Le prix était d'un franc. La première journée j'ai fait une recette de 33 francs. Mais le succès fut si rapide que, trois semaines après, les entrées se chiffraient par deux mille et deux mille cinq cents par jour sans aucune réclame dans les journaux. La projection durait environ *20* minutes. La salle était aussitôt vidée et de nouveau remplie. Quelques semaines après j'ai dû faire établir un service d'ordre par les agents pour empêcher les bousculades et les batailles à l'entrée du sous-sol. Ce qui m'est resté de plus typique, c'est la tête du passant arrêté devant l'entrée cherchant ce que signifiait *cinématographe Lumière*. Ceux qui se décidaient à entrer en sortaient un peu ahuris. On en voyait bientôt revenir amenant avec eux toutes les personnes de connaissance qu'ils avaient pu rencontrer sur le boulevard. Dans l'après-midi, le public formait une queue qui s'étendait souvent jusqu'à la rue Caumartin. Le propriétaire du Grand-Café, avec lequel nous avions passé un bail d'un an pour son sous-sol, avait préféré, aux vingt pour cent de la recette que nous lui avions offerts, trente francs par jour de loyer. Celui-là non plus n'avait guère confiance dans la réussite de l'affaire ». Qu'on ne voie pas dans ces lignes l'exagération naturelle à un homme qui aima son entreprise, les journaux de Paris et de Lyon, en rendant compte de cette soirée inaugurale, sont plus enthousiastes que Clément Maurice. On peut résumer leurs articles dithyrambiques par ce titre qu'imprimait le *Radical* du 30 décembre : « LE CINÉMATOGRAPHE. UNE MERVEILLE PHOTOGRAPHIQUE ». Une merveille, voilà le mot de tous. Et le mot n'a pas vieilli ; tel on a qualifié le cinéma au jour de sa naissance, tel on le nomme aujourd'hui. De ce modeste sous-sol, il est parti pour faire la conquête du monde et Dieu sait s'il a marché à pas de géant. La deuxième salle de spectacle fut ouverte à Lyon, au numéro 1 de la rue de la République le 25 janvier suivant. Dans le cours de cette même année 1896, le cinématographe fut produit en Angleterre, en Italie, en Espagne, en Autriche, en Russie, en Roumanie, en Belgique, en Suède, en Allemagne, etc., et, d'Europe, passa en Amérique. Partout il fut reçu avec stupeur d'abord, avec enthousiasme ensuite. Aujourd'hui, le cinématographe, exhibé dans plus de 50.000 théâtres, a pour spectateurs tout ce que la terre compte d'habitants civilisés. Et encore doit-on ajouter qu'on l'a promené, comme un moyen puissant de pénétration, chez plus d'une tribu sauvage. Si l'on en croit une statistique publiée par la Société des Nations en 1926, les affaires traitées par l'industrie cinématographique se monteraient annuellement pour :

La France......	à	20	millions de francs
L'Italie........	à	28	—
La Suède.......	à	245	millions de francs
L'Angleterre....	à	244	—
Les Etats-Unis..	à	650	—

soit 1 milliard 187 millions de francs pour 5 pays seulement.

Je n'ai eu pour but, dans cette étude, que de montrer l'origine du Cinématographe. Ma tâche est donc ici remplie. Dire son développement, examiner même seulement les nombreux appareils qui, parus un peu après lui, s'efforcèrent de le concurrencer, serait lasser la patience de mes lecteurs. C'est à eux maintenant qu'il appartient de conclure et de répondre à la question posée au début : qui a inventé le cinématographe ? Je ne puis que leur assurer ceci : on peut reprocher à cet exposé d'être bref pour l'importance du sujet, on ne lui reprochera pas d'être inexact. La plus entière bonne foi et le désir scrupuleux de la vérité m'ont seuls guidé dans cet historique multiple et si compliqué où j'ai tâché de faire à chacun sa juste part. Aussi les lecteurs s'expliqueront-ils mal le désaccord qui règne à propos du cinématographe. Pourquoi Edison, Friese-Greene, Anschutz, pourquoi Marey, pourquoi Demeny sont-ils désignés comme auteurs d'une découverte qu'ils n'ont pas faite ? N'est-ce pas faute d'avoir étudié la question, faute d'avoir assez examiné les travaux si nombreux qui ont précédé cette découverte ? Et n'est-ce pas à cette cause qu'il faut attribuer le zèle des admirateurs de Marey, faisant graver sur le monument élevé à Beaune à sa mémoire :

AU DOCTEUR E. J. MAREY
Commandeur de la Légion d'Honneur
Membre de l'Institut
Académie des Sciences
Membre de l'Académie de Médecine
Professeur au Collège de France
Créateur de la méthode graphique
Inventeur du Chronophotographe, du *Cinématographe*
Auteur de la théorie du mouvement des animaux
Vol des oiseaux

Ses Concitoyens, ses admirateurs, ses amis.

Marey, en de nombreux passages de ses écrits, a reconnu que le cinématographe est une invention originale des frères Lumière. Quand l'avenir rapprochera ces textes de l'inexactitude gravée sur le monument de Beaune, la mémoire de Marey ne pourra qu'en souffrir. Mais le fabuliste l'a dit il y a longtemps : Rien n'est plus dangereux qu'un maladroit ami.

Pareilles revendications, d'ailleurs, ont accompagné toutes les grandes inventions. Après que la photographie eut été rendue publique, quantité d'inventeurs découvrirent qu'ils l'avaient inventée depuis longtemps. Le record fut détenu par Jobard, de Bruxelles, qui signala que la photographie était décrite depuis plus de trois cents ans dans un vieux bouquin allemand. La vérité est que l'invention du Cinématographe, tout comme celle de la photographie, a ouvert les yeux à tout le monde et a montré nettement aux inventeurs ce qu'ils n'avaient pu apercevoir dans le brouillard de leurs rêves. Je n'en veux pour preuve que ces chiffres par lesquels je vais terminer. En 1892 et 1893, on ne compte qu'un seul brevet concernant la chronophotographie ; en 1894, deux ; en 1895, après l'apparition du cinématographe, cinq ; en 1896, cent vingt-six.

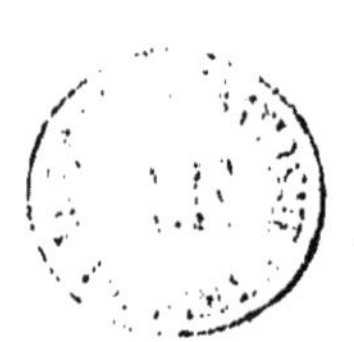

TABLE DES MATIÈRES

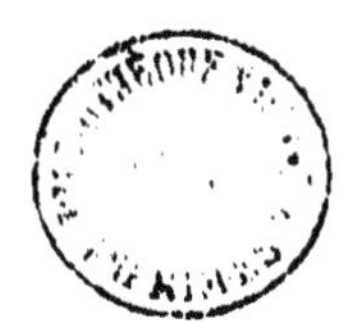

Beauvais (France)
Imprimerie Centrale Administrative
15, Place Ernest-Gérard.

www.ingramcontent.com/pod-product-compliance
Ingram Content Group UK Ltd.
Pitfield, Milton Keynes, MK11 3LW, UK
UKHW022119260726
13993UKWH00003B/1107